Franz X. Bogner
Allgäu und Iller aus der Luft

Franz X. Bogner

Allgäu und Iller aus der Luft

**Bibliografische Information der Deutschen
Nationalbibliothek**
Die Deutsche Nationalbibliothek verzeichnet diese
Publikation in der Deutschen Nationalbibliografie;
detaillierte bibliografische Daten sind im Internet über
http://dnb.d-nb.de abrufbar.

Umschlaggestaltung: Stefan Schmid, Stuttgart, unter
Verwendung von Abbildungen des Autors.
Vorderseite: Talkessel von Oberstdorf (oben), Schloss
Neuschwanstein (unten). Rückseite (v. l. n. r.): Alpwiesen
mit Heuhütten, Iller zwischen Immenstadt und Kempten,
Stadtzentrum Kempten, Allgäuer Hochalpen hinter
Oberstdorf

© 2009 Konrad Theiss Verlag GmbH, Stuttgart
Alle Rechte vorbehalten
Korrektorat: Uschi Scholz, Pliezhausen
Gestaltung und Satz: nalbach typografik, Stuttgart
Kartografie: Peter Palm, Berlin
Reproduktion: Medienfabrik, Stuttgart
Druck und Bindung: M3 Technology GmbH, Vechta

ISNB 978-3-8062-2236-4

Besuchen Sie uns im Internet: www.theiss.de

Inhalt

Der Blick vom Nebelhorn (2224 m) nach Westen streicht über den Seealpsee (1628 m) hinweg auf das prächtige Panorama der Westkette der Allgäuer Alpen.

Vorwort

Luftbilder sind Bilder mit den »Augen der Götter«. Nur den Herren der Lüfte ist es vorbehalten, die Schatten zu bestaunen, welche die Bäume am späten Nachmittag in die Almen malen, und die beeindruckende Weite des grünen Allgäus zu bewundern. Auch wenn Luftbilder meist Meister der Totalen sind, bieten sie meisterhaft ungewohnte Details. Viele kennen heute *Google Earth* und sind daher mit der neuen Perspektive aus der Vogelsicht vertraut, dennoch fehlen dort die Emotionen im Bild. An einem Fluss entlangzufliegen ist oft der einzige Weg, den Überblick zu behalten. Hier hat ein Pionier der jüngeren Luftbildfotografie Entscheidendes geleistet, Yann Arthus-Bertrand (*1946): Er schaffte mithilfe von UNESCO-Geld, mit seinem Werk »Die Erde von oben« eine Art emotionale fotografische Inventur der Erde zu präsentieren.

Viele von uns kennen bereits das Allgäu und die Iller. Dennoch kann die neue Sichtweise aus der Luft Altbekanntes in gänzlich neuem Licht erscheinen lassen.

Das Allgäu sehen wir heute als beliebte Urlaubsregion und gleichzeitig als bodenständige bäuerliche Gegend. Das ist gut so. Das Allgäu hat mit seiner endlosen Hügellandschaft, seinen markanten Bergen und seinen verstreuten Bauernsiedlungen und seinen vielen grasenden Kühen eine unbestritten eigene Identität. Man hat hier die Kirche im Dorf gelassen und konnte so das Allgäu als Region mit reicher Tradition und Geschichte in unsere Zeit retten. Hier suchen wir Erholung und Freizeit; hier ist die Natur weniger verbraucht als in den vielen Ballungsräumen mit ihrem unsäglichen immensen Bevölkerungsdruck.

Ich möchte meinen besonderen Dank an jemanden aussprechen, der viele Jahre an der Iller lebte und dort auch begraben liegt: P. Johannes Menth (1931–2001). Er hat die künstlerische Neugier in mir reifen lassen, mir den handwerklichen und visionären Weg gewiesen, Fotografie als ein »Schreiben mit Licht« zu betrachten und Bilder mit dem Lichtpinsel zu gestalten, ja zu komponieren. In seinem Fotolabor durfte ich mit eigener Hand die ersten Schwarz-Weiß-Bilder machen, auch wenn ich gerade mal wieder kein Taschengeld mehr hatte; so konnte langsam in mir ein handwerkliches Gefühl für Machbares in der Fotografie reifen. Seine Begeisterung zur Bilddarstellung bleibt unvergessen, sein geduldiges Suchen nach vollendeter Bildersprache ebenso. Diese Ausbildung hat mich später, neben meinem naturwissenschaftlichen Berufsweg, sogar zum Fotografielehrer gemacht, der zehn Jahre lang Abiturklassen unterrichten konnte. Mein zweiter großer Dank gehört meinen geduldigen Piloten, insbesondere Herrn J. Hartmann und Herrn U. Gmähle; sie standen immer zur Verfügung, wenn das Flugwetter sehr gut war, und halfen, auch in sehr frühen Morgenstunden, geduldig die vielen Luftbilder zu sammeln. *Last but not least* gebührt dem Theiss-Verlag ein großer Dank, er war von Anfang an für die Buchidee sehr aufgeschlossen und hat den Bildband mit engagiertem Nachdruck Wirklichkeit werden lassen. Viel Freude mit dem Luftbildband!

Franz X. Bogner

Vom blauen zum grünen Allgäu: Käseland Allgäu

Das Allgäu und die Iller gehören zusammen. Die Iller geht sogar über das Allgäu hinaus. Als der erste bayerische Nebenfluss der Donau ist sie auch der einzige große bayerische Alpenfluss, der in Bayern entspringt. Lech, Isar und Inn kommen jeweils über die Grenze aus Österreich oder gar aus der Schweiz. Die Iller bildet gleichzeitig über lange Strecken die Landesgrenze zwischen Bayern und Baden-Württemberg und markiert zugleich die große europäische Wasserscheide. Mancher erinnert sich vielleicht an den Schülerreim: »Iller, Lech, Isar, Inn / fließen rechts zur Donau hin / Altmühl, Naab und Regen / halten links dagegen.« In Ulm könnte man aber angesichts der Größe der Iller fast zu fragen bestrebt sein, welcher Fluss denn nun in welchen mündet. Die Iller steuert ein Drittel mehr Wasser als die oberschwäbische Donau bei, sodass von der Wasserfülle aus gesehen eigentlich die Donau in die Iller münden müsste.

Grenzen der Region

Das Allgäu hat keine festen Grenzen, wie es bei Einzugsgebieten von Flüssen der Fall ist. Im Jahre 817 war erstmals schriftlich von »Albegowe« die Rede. Darin ist »Alb« enthalten, was mit Bergen oder Gebirge übersetzt werden kann; »-gäu« beschreibt ein Gebiet, eine Region. Schwierig ist eine allgemein anerkannte Eingrenzung des Allgäus. Im Süden beginnt das Allgäu klar mit dem Grenzkamm der Allgäuer Alpen, auch wenn manchmal Landesteile von Tirol und Vorarlberg einbezogen werden. Der Lech und die Wertach bieten sich als Begrenzung im Osten an. Im Westen und im Norden ist

die Grenzziehung eher weich, auch wenn die Autobahnraststätte »Allgäuer Tor« bei Grönenbach einen guten Bezugspunkt abgeben könnte. Grenzdiskussionen können heute im Gegensatz zu früher durchaus brisante Züge annehmen, da das Allgäu im Tourismus zu einem Wertbegriff ersten Ranges geworden ist. In früheren Jahrhunderten war mit dem Landschaftsbegriff »Allgäu« keinerlei Nutzen verbunden, und er wurde durchaus großzügig und uneinheitlich gehandhabt. Heute wollen manche Lobbyisten das Allgäu am liebsten gar bis zur Donau reichen lassen.

Bis zum 19. Jahrhundert sprach man vom blauen Allgäu und meinte damit das flachsanbauende Allgäu. Flachs oder Lein (*Linum usitatissimum*) ist eine weltweit kultivierte Pflanze, die bis zu 1,5 m hoch wird und mit himmelblauen Rispenblüten Felder in »wogende Meere« verwandeln kann. Die Blüten sind an langen Stielen rispig angeordnet. Der Anbau von Flachs war in Deutschland ein

Die vielen kleinen Heuhütten nehmen im Sommer frisches Heu auf, um es für den Winter vorzuhalten (Seite 8/9).

Die blaue Leinblüte dominierte früher das Allgäu und konnte das Land in »wogende blaue Meere« verwandeln. Lange war der Flachsanbau im Allgäu der wichtigste wirtschaftliche Faktor der Region (links).

Von nahezu jedem Berggipfel der Allgäuer Alpen reicht ein schier endloser Blick auf eine Vielzahl anderer Gipfel. Für eingeweihte Kenner weist sich fast jeder Berg durch ein unverwechselbares Profil aus (unten).

Das grüne Allgäu lebt von der Milchwirtschaft. Viele kleine Hütten erlauben eine dezentrale Lagerung des Heus, und viele Höfe sind Einzelhöfe inmitten der Wiesen. Sogenannte Alpen sind dabei nur während der Sommermonate genutzte Bergweiden (Almen ist der entsprechende bayerisch-österreichische Name dafür). Der Betrieb einer Alpe diente früher ausschließlich bäuerlichen Zielen, heutzutage sind viele in den Tourismusbetrieb eingebunden.

großer wirtschaftlicher Faktor, bevor Baumwolle aus Übersee ins Land kam. Erst dieser billige Zugang zur Baumwolle und schließlich die synthetischen Fasern haben den Flachsanbau unwirtschaftlich gemacht und schließlich verdrängt. Heute wird Flachs als Heilpflanze verwendet, die Wahl zur Heilpflanze des Jahres 2005 ist ein Beleg dafür. Flachs ist eine einjährige Pflanze mit verschiedenen Unterarten und Sorten: Öl-Leinsorten sind relativ kleinwüchsig mit meist nur 50 cm Höhe, Faser-Lein wird bis zu eineinhalb Meter hoch. Flachs und Lein sind dabei fast synonyme Worte, Lein ist vor allem als botanischer Name gebräuchlich. Flachs wurde schon seit der Jungsteinzeit angebaut, zusammen mit Linsen, Erbsen, Gerste, Emmer und Einkorn. Bis ins 18. Jahrhundert war Flachs in Europa die wichtigste Pflanzenfaser und neben Schafwolle der gängigste Textilrohstoff schlechthin.

Kennzeichen des Flachses sind lange, dünne und nur wenig verzweigte Stängel mit einem hohen Faseranteil. Dieser befindet sich bündelweise im Stängel und kann bis in die Wurzel reichen. Der erste Arbeitsschritt war das Riffeln, in dem die Flachsbüschel durch die eiserne Riffel gezogen und die Samen in ausgebreiteten Tüchern aufgefangen wurden. Danach stand das Brechen an, wobei die holzigen Teile des Flachses (z. B. die Rinde) entfernt und die Stängel in der »Flachsbreche« gekürzt wurden. Anschließend schlug man im »Schwingstock« die holzhaltigen Teile mit dem hölzernen Schwingmesser von der Flachsfaser ab. Diese mechanische Trennung in einer Schwingturbine schied die Fasern aus den Rindenschichten und löste die kürzeren Faserstränge (sog. Schwingwerg) von den

Der Oberstdorfer Talkessel ist im Osten, Süden und Westen von hohen Bergen eingerahmt, die meist gleichzeitig die Landesgrenze zu Österreich bilden. Zu den mächtigsten Erhebungen zählen die Mädelegabel (2644 m), der Hochvogel (2591 m) oder die Hochfrottspitze (2648 m) (links).

Die Milchwirtschaft hat viele Talhänge im Allgäu »grün« gemacht; ohne Bewirtschaftung würde bald wieder Wald wachsen und das ursprüngliche Ökosystem des Allgäus zurückkehren (unten).

Der Freibergsee liegt in 930 m Höhe über Oberstdorf und ist mit dem Gasthof Seeblick ein beliebtes Wanderziel. Rechts unten ist die alte »Heini-Klopfer-Skiflugschanze« zu sehen.

18

Gleich drei Flüsse bringen die Iller nördlich von Oberstdorf auf den Weg (Bildmitte): Die Breitach aus dem Kleinwalsertal im Westen, die Stillach kommt vom südlichsten Punkt Deutschlands, dem Haldenwanger Eck, und die Trettach entspringt am Fuße der Trettachspitze.

langen, zusammenhängenden Faserbündeln (sog. Schwingflachs). Im nachfolgenden Hecheln wurden die noch im Bündel zusammenhängenden Langfasern voneinander getrennt und gereinigt. Dieser Hechelflachs war das Ausgangsprodukt zur Herstellung von Flachsgarnen. Diese bestanden zu etwa 70 % aus Zellulosen, Holzstoffen, Feuchtigkeit, Fett und Wachs. Die Lachsfaser ist durch Steifheit, Festigkeit, Glanz und Saugfähigkeit gekennzeichnet. Das Spinnrad war ein wichtiges und unverzichtbares Gerät, an dem aus den Fasern der nutzbare Faden hergestellt wurde. In Tausenden von Webstühlen wob man aus dem Garn schließlich Leintuch.

Weberei statt Sennerei

In den Jahren nach der Jahrhundertwende um 1800 forderte die Weltwirtschaft ihren Tribut im Allgäu. Vorher hatte es im ländlichen Allgäu kaum ein Haus ohne Webstube oder Webkeller gegeben. Nun drängte billige Baumwolle aus Übersee mit voller Wucht in die Schweiz, die im Einklang mit der Webstuhltechnisierung in England für die Allgäuer einen schroffen Niedergang des Flachsanbaus und gleichzeitig bittere Not brachte. War vorher mit viel Arbeit ein bescheidener Wohlstand möglich gewesen, den zwar manch nasser Sommer immer wieder in Frage stellte, kam jetzt die blanke Not in das Land. Flachsanbau bedeutete auf einmal kein Auskommen mehr; Auswanderung nach Übersee war kein seltener Ausweg. Erst zwei weitschauende Pioniere brachten unabhängig voneinander eine neue Vision ins Spiel, nämlich die komplette Umstellung auf Milchwirtschaft. Es ist die Rede von den »Notwendern«, Johann Althaus (1798–1876) und Karl Hirnbein (1807–1871). Ihnen ist es schließlich zu verdanken, dass die Allgäuer Bauern wieder Geld zu verdienen begannen. Es entstand das grüne Allgäu der Weidewirtschaft. Der Käsepionier Johann Althaus brachte aus dem Schweizer Emmental den Emmentaler ins Allgäu und legte damit einen wichtigen Grundstein für die gewerbliche Käserei; 1835 eröffnete er in Sonthofen eine eigene Sennerei. Carl Hirnbein brachte die Limburger-Weichkäserei aus den Niederlanden ins Allgäu, heute gibt es einen eigenen Carl-Hirnbein-Weg und ein Hirnbein-Museum zeigt sein Leben und seine Verdienste um das grüne Allgäu.

Die »Westallgäuer Käsestraße« bietet auf einem kulinarischen Rundkurs von fast 50 km viel fundiertes Wissen rund um den Käse. Sieben Sennereien sowie Käsewirtschaften lassen beim »Käsen« zuschauen und Allgäuer Käsespezialitäten probieren. Geburtshelfer dieser Öffentlichkeitsarbeit waren die Landesvereinigung der Bayerischen Milchwirtschaft und natürlich die Westallgäuer Käsereien. Mit dem Übergang zum grünen Allgäu kam aus der Schweiz das Geheimnis der »Fettkäserei« ins Allgäu. Der »Bergkäse« wurde während der sommerlichen Weidezeit in den Hütten hoch gelegener Almen aus der täglich anfallenden Rohmilch hergestellt. Da die kühlen Steinkeller der Alphütten keine temperierten Räume boten, hatte dieser kleinere Löcher als der echte *Emmentaler*. Auch heute hat daher echter Allgäuer »Bergkäse« nur kleine Löcher, »junger Bergkäse« (mit milderem Geschmack) ist dabei mindestens drei Monate alt, »alter Bergkäse« (mit würzigerem Geschmack) mehr als ein halbes Jahr. Steigende Nachfrage führte bald dazu, auch nach dem Ende der sommerlichen Alpzeit die »Alpkäserei« im Tal fortzusetzen und ganzjährig zu betreiben. Später kam die Herstellung von Weichkäse mit einer kürzeren Reifezeit hinzu. Heute gehören *Romadur*, *Weißlacker*, *Limburger (Backsteiner)* zu den gängigen Käsespezialitäten des Allgäus.

Der Weg zum Käseland

Im Allgäu muss jeder früher oder später ein Käsefreund und -kenner werden. Das kann mit nackten Zahlen beginnen, wenn man weiß, dass ein 75-kg-Laib rund 1000 Liter Milch benötigt (was etwa der Tagesleistung von 70 Milchkühen entspricht). Dies kann mit dem Wissen weitergehen, dass Allgäuer Emmentaler ein »Lab-Käse« ist, d. h. dass zur erwärmten Milch Lab zugesetzt wurde, ein aus Kälbermägen gewonnenes Ferment. Dadurch entsteht durch Gerinnung der Milch die Käserohmasse, die schließlich in Holzformen ihre Laibform erhalten. Die Käserinde entsteht übrigens durch Einlegen in ein Salzbad. Bleibt die Frage, wie die Löcher in den Käse kommen. Es handelt sich dabei um denselben Vorgang wie beim Brotbacken, dass nämlich Kohlendioxidbläschen nicht (mehr) entweichen können, sondern von der sich verfestigenden Käsemasse eingeschlossen werden und als Hohlraum verbleiben.

Das Allgäu zählt sich zu den beliebtesten Touristenregionen Deutschlands, deren wichtigstes Kapital die Natur- und Kulturlandschaft ist. Das Allgäu braucht eigentlich keine besondere Werbung,

da die Vielseitigkeit der Region bekannt ist und entsprechend geschätzt wird. Kenner sehen im Allgäu zudem das größte Wintersportzentrum Deutschlands, das Abfahrt, Langlauf und Eissport in allen Varianten bietet. Die kulturelle Vielfalt braucht ebenfalls nicht betont zu werden, man kennt sie. Für nicht wenige Besucher aus dem Ausland ist beispielsweise das Schloss Neuschwanstein die Assoziation mit dem romantischen Deutschland schlechthin. Dass es viele erhaltene historische Altstädte von hoher Bedeutung gibt, wissen nicht nur die Einheimischen. Die Landschaft des Allgäus mit den Bergen, Seen und Naturdenkmälern einerseits und mit den vielen unterschiedlichsten Kulturdenkmälern andererseits sind eine einmalige Synthese von Kultur und Natur. Man vergleicht nicht selten andere Landschaften mit einem anerkennenden »wie im Allgäu«. Man lebt gerne im Allgäu, man besucht es gerne, man weiß, was man am Allgäu hat.

Der Markt Oberstdorf ist das »oberste Dorf« Bayerns, das südlichste noch dazu und als drittgrößte Gemeinde Bayerns flächenmäßig fast so groß wie München. Als heilklimatischer Kurort und Kneipp-Kurort ist Oberstdorf überregional bekannt und ein sehr beliebter Fremdenverkehrsort des Allgäus.

Der Allgäuer
Dreieckskessel
ab Oberstdorf

Die 147 km lange Iller erhält ihren Namen gleich unterhalb Oberstdorfs mit dem Zusammenfluss von Breitach, Trettach und Stillach. Die Iller kann sich daher als »echte Oberstdorferin« bezeichnen. Im frühen Mittelalter hieß die Iller *Hilaria*. Manche Autoren sehen eine keltische Namenswurzel (*el* = fließen). Trotz ihres relativ kurzen Laufs überwindet sie von Oberstdorf (761 m) bis zur Mündung in Ulm (466 m) immerhin rund 300 Höhenmeter. Ihre Quellflüsse liegen allesamt im 2000-m-Bereich an den Gipfelhängen der Allgäuer Alpen. Der Grenzkamm der Allgäuer Alpen sowie des Kleinwalsertals markieren gleichzeitig die südliche Einzugsgrenze. Insgesamt ist das Einzugsgebiet der Iller verhältnismäßig schmal, wie dies ja auch bei den kleineren Nachbarflüssen, der Günz, Mindel oder Wertach der Fall ist. Nirgendwo sonst in Süddeutschland laufen so viele Flüsse im rechten Winkel zur Donau wie östlich der Iller; nirgendwo sonst zeigen Flüsse auch, wie sie leicht Gefangene ihrer eigenen Täler werden können.

Stempel der Iller

Nur die Wurzach trägt mit ihrem württembergischen Einzugsgebiet zu einer kleinen Ausbuchtung im Mittelbereich der Iller bei. Besonders der sehr schmale Einzugsbereich des gesamten Unterlaufs überrascht. Die Hälfte der Iller bildet seit 1806 die Grenze zwischen Baden-Württemberg im Westen und Bayern im Osten.

    Die Stillach entspringt am südlichsten Punkt Deutschlands, dem Haldenwanger Eck (1932 m); die Trettach entspringt am Fuße der Trettachspitze

(2595 m). Ihr Name kommt vom mittelhochdeutschen Wort »*draete*« (schnell, eilig). Die Breitach kommt als Gebirgsbach aus dem Kleinwalsertal. An der Walserschanze überschreitet der Fluss die österreichisch-deutsche Grenzlinie und gräbt sich in die Breitachklamm ein. Vor gut 100 Jahren suchte man nach Mitteln und Wegen, die Breitachklamm begehbar zu machen und damit für den

Oberstdorf ist nicht nur die südlichste Gemeinde Deutschlands; hier im Dreieckskessel kommen auch die Stillach, die Breitach und die Trettach zusammen, um die Iller auf den Weg zu bringen (Seite 22/23).

Manche Schluchten können sehr eng sein wie hier der Hirschsprung bei Obermaiselstein (links).

Fischen im Allgäu ist ein heilklimatischer Kurort mit gut einer halben Million Übernachtungen pro Jahr. Jedes Jahr am »Gumpigen Donnerstag« sind die Narren los und bringen Faschingsleben in den Ort (unten).

Im Kleinwalsertal reiht sich die Besiedlung immer an die einzige Straße, die tiefer drinnen im Tal als Sackgasse endet.

Die Loretto-Kapellen im Süden von Oberstdorf sind gut besuchte Wallfahrtskirchen. Ihre Grundsteinlegung erfolgte 1657. In der Säkularisation und dem sogenannten Aufklärungsgeist hätten sie auf Regierungsbefehl aus München zur Unterbindung des Wallfahrens abgebrochen werden sollen. Die Gemeinde konnte dies durch den Aufkauf verhindern (unten).

Mittelberg ist der Hauptort im Kleinwalsertal, der vor gut 700 Jahren von Schweizer Flüchtlingen besiedelt wurde. Daher spricht man hier noch hochalemannischen Dialekt, während rundherum Niederalemannisch gesprochen wird, sofern man nicht zugezogen ist (rechts).

aufkommenden Fremdenverkehr nutzen zu können. Der Pionier hierfür war der Tiefenbacher Pfarrer; er fand Geldgeber für diese Aktion und erwirkte eine amtliche Genehmigung, Sprengarbeiten durchführen zu dürfen. Gleichzeitig konnte er offenbar genügend ehrenamtliche Helfer rekrutieren, die die schwierigen Arbeiten erfolgreich vorantrieben. Schon im Jahr darauf konnte man den Pfad durch die Breitachklamm einweihen. Man spricht gerne von der tiefsten und gleichzeitig schönsten Klamm in ganz Mitteleuropa.

Österreich in Bayern

Im Kleinwalsertal liegen in einer Höhenlage von 1100 bis 1250 m drei Ortschaften (Riezlern, Hirschegg und Mittelberg). Im Süden begrenzt der Große Widderstein (2536 m) das Tal. Die ersten Siedler kamen am Ende des 13. Jahrhunderts als Flüchtlinge aus dem Kanton Wallis (Schweiz). 150 Jahre später annektierte der Tiroler Herzog das Kleinwalsertal mit Waffengewalt. Seither ist das Tal mit einigen Unterbrechungen österreichisch. Erst 1891 wurde das Kleinwalsertal mit einem Zollanschlussvertrag als geografisch bedingte Enklave wirtschaftlich an Deutschland angeschlossen, die österreichischen Hoheitsrechte blieben aber unangetastet. Die relative Abgeschlossenheit hatte ein besonderes Brauchtum hervorgebracht, zu dem eine schweizerische Mundart ebenso gehörte wie ein eigener Baustil der alten Walserhäuser.

Aus der Lage als »oberstes Dorf« dürfte sich der Ortsname Oberstdorf gut erklären. Wegen der großen Ausdehnung der einzelnen Ortsteile ist es

jedoch schwierig, eine allgemein akzeptierte Höhenangabe zu benennen (in Wikipedia werden 815 m genannt). Oberstdorf ist mit 230 km² flächenmäßig nach München und Lenggries die drittgrößte Gemeinde Bayerns und dessen südlichste noch dazu. Als heilklimatischer Kurort und Kneipp-Kurort ist Oberstdorf überregional bekannt, ebenso wie durch die Skiflugschanze. Spätestens mit dem Anschluss an das Eisenbahnnetz im Jahr 1888 wurde der Fremdenverkehr zum bedeutsamen Wirtschaftsfaktor des Ortes. Heute werden pro Jahr 2,5 Millionen Übernachtungen gezählt. Zum einzigartigen Panorama Oberstdorfs gehören die ganzen Allgäuer Alpen, eine hochalpine Gebirgskette mit Höhen über 2500 m. Der Große Krottenkopf steigt mit 2657 m am höchsten auf. Das Nebelhorn (2224 m) blickt auf rund 400 andere Berggipfel. Dieses Panorama umschließt prägnante Berge wie den

Die Weidewirtschaft schafft vielerorts eine offene Landschaft, die auch vom Freizeitsport gerne genutzt wird (links).

Widdum liegt mit seinem Friedhof einsam auf einer Hügelkuppe direkt über dem Iller-Flusslauf (unten).

Bad Oberdorf und Bad Hindelang sind beliebte Fremdenverkehrsorte im Ostrachtal, einem östlichen Zubringer der Iller. Bad Oberdorf ist heute ein Ortsteil von Bad Hindelang, der Titel Bad stammt schon aus dem Jahr 1900, als man eine Schwefelquelle entdeckt hatte (unten).

Die Kaserne von Sonthofen wurde als nationalsozialistische Ordensburg gebaut, nach dem Krieg zunächst in Burg Sonthofen umbenannt und schließlich als Generaloberst-Beck-Kaserne von der Bundeswehr übernommen. Ludwig Beck (1880–1944) war nach dem missglückten Stauffenberg-Attentat in Berlin hingerichtet worden (rechts).

Höfats (2258 m), den Hochvogel (2593 m), den Grünten (1738 m) oder die Gottesackerwände unterhalb des Hohen Ifen (2230 m).

Fischen im Allgäu ist die erste größere Ortschaft direkt an der Iller (die Fische im Ortswappen stehen selbstredend für den Ortsnamen). 13 Ortsteile formen die Gemeinde. Das schweizerische St. Gallen hatte schon 860 hier zu tun, damals hieß die Siedlung »Vishigun«. Der Name des Kurhauses *Fiskina* macht noch eine Anleihe auf diese alte Geschichte. Fischen wurde 1804 an Österreich getauscht und fiel im Jahr darauf an Bayern. Das Heimathaus in Fischen befasst sich mit der Ortsgeschichte, enthält aber auch ein Skimuseum. Ein Wasserpfad an der Iller befasst sich mit der Ökologie und dem Schutz dieses Flusses.

Eine Geschenkurkunde zeugt vom hohen Alter Sonthofens: Im Oktober 839 schenkte ein gewisser *Isanbirg* dem Kloster St. Gallen drei »Jauchert« Acker im »Nordhovun in Albegauge«. »Nordhofen« kann dabei als Gegenstück zu »Südhofen« gelten. 300 Jahre später ist nurmehr von »Sunthoven« die Rede, woraus schließlich »Sonthofen« wurde. Das Sonthofener Wappen präsentiert sich heute mit zwei gekreuzten Nagelschmiedehämmern und weist damit auf die frühere Bedeutung des Erzabbaus am Grünten hin. Im Februar 1525 kam es zum sogenannten »Sonthofener Tag«, an dem die aufständische Bauernschaft des Allgäus in Sonthofen vor dem Grafen von Montfort tagte. Dieser Tag ging als Auftakt zum Bauernkrieg in die Geschichte ein. Hoch über Sonthofen zeigt sich der Turm der ehemaligen »Ordensburg Sonthofen«. In den Jahren ab 1934 waren diese Anlagen von der Deutschen Arbeitsfront als Schulungsburg der NSDAP errichtet worden. Nach dem Krieg diente der Bau der amerikanischen Besatzungsarmee als *Constabulary School*. 1956 wurde schließlich die Bundeswehr Hausherr. Das Projekt »Alpenstadt« ist das jüngste Kind der Stadt; 2005 wurde man nämlich als achte Stadt im internationalen Alpenraum überhaupt mit dem begehrten Titel »Alpenstadt des Jahres« ausgezeichnet. Eine konsequente Verknüpfung von Ökologie und Ökonomie, und zwar unter Berücksichtigung der Bedürfnisse der Bevölkerung, soll in den Städten der Alpen Natur und Kultur, Ökologie und Ökonomie miteinander versöhnen. Dabei müssen alle Schutzmaßnahmen zur Bewahrung des Lebensraumes Alpen von den Menschen in der Region mitgetragen werden.

Die Iller kann schon bald nach ihrem Ursprung immer wieder mit großen Hochwassern über die Stränge schlagen. Man versucht mit Dämmen, Begradigungen und Höherlegung der Verkehrswege gegenzusteuern, weil man der Iller nicht das ganze Tal überlassen möchte (links).

Sturmschäden sind immer wieder, vor allem in Höhenlagen, zu beklagen, wo mancherorts ganze Wälder zum Opfer fallen und nur noch Baumstümpfe zurückbleiben (unten).

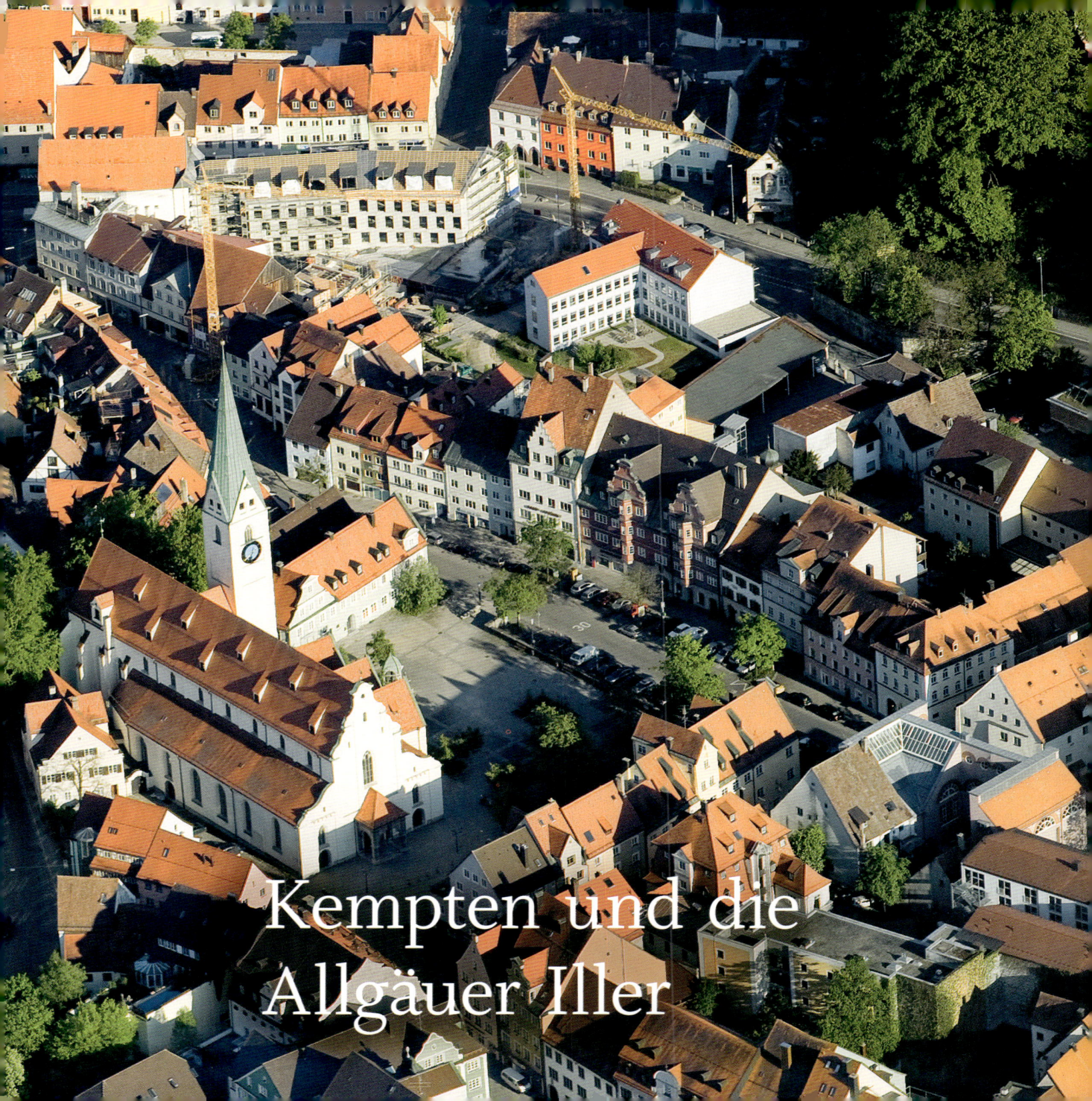

Kempten und die
Allgäuer Iller

Kempten hat römische Wurzeln. Seit 2000 Jahren gibt die Stadt der Region ihre Identität (Seite 36/37).

Vor 50 Jahren wurde Oberstaufen der einzige Schrothkurort Deutschlands, durch ein Naturheilverfahren, das den Körper entgiften und Selbstheilungskräfte fördern soll. Der alljährliche »Fasnatziestag« im Februar und der »Viehscheid« im September sind die besonderen Höhepunkte im Marktleben (unten).

Mehrere Bootshütten weisen schon aus der Vogelperspektive auf die Freizeitnutzung des Großen Alpsees hin (rechts).

Immenstadt bezog im Mittelalter seinen Wohlstand aus dem Salzstapel und dem Leinwandhandel. Man lag an der großen Salzstraße von Hall in Tirol an den Bodensee und war damit Zoll-, Stapel- und Umschlagplatz des »Weißen Goldes«. Vielleicht kennt der eine oder andere den alten Wappenspruch: »Immen, Fisch und Linden sind allhier zu finden.« Die halbe Linde im Wappen nimmt Bezug auf das Lindauer Stadtwappen und verweist den kundigen Beobachter auf das Lindauer Stadtrecht. Der Fisch bezieht sich wohl auf den damaligen Fischreichtum in der Iller und im Alpsee.

Immenstadt und Großer Alpsee

Immenstadt bietet regelmäßige überregionale Veranstaltungen: Am bekanntesten dürfte der alljährliche Viehscheid im September sein, bei dem rund

1000 Rinder im Alp-Abtrieb in die Stadt gebracht und den Besitzern zurückgegeben werden. Dies ist ein einzigartiges Ereignis, das der Tradition verpflichtet ist und nicht nur dem Tourismus Tribut zollt. Ein weiteres typisches Immenstädter Ereignis ist das alljährliche Klausentreiben, zu dem auch immer der Stadt-Nikolaus stößt.

Der 1738 m hohe Grünten zählt zu den nördlichsten Bergen der Allgäuer Alpen, gerne nennt man ihn auch den »Wächter des Allgäus«. Er erscheint stark genutzt: Weithin sichtbar ist der 1951 errichtete Sendeturm des Bayerischen Rundfunks, der für die gesamte Region die sogenannte Grundversorgung übernimmt; abgestrahlt werden Rundfunk- und Fernsehprogramme. Die Starzlachklamm liegt am Fuß des Grünten (1738 m). Urheber ist die Starzlach, die in 1070 m Höhe zwischen dem Grünten und dem Wertacher Horn entspringt und sich seit Jahrtausenden auf ihrem Weg zur Iller immer tiefer in das Felsengestein eingrub. In einem Wasserfall, der zu Schmelzwasserzeiten fulminante Ausmaße erreichen kann, stürzt die Starzlach schließlich aus der Klamm. Hindelang war dem Augsburger Fürstbischof zugetan, der hier bis 1803 eine Sommerresidenz hatte. Der letzte Schlossherr war Fürstbischof Clemens Wenzeslaus, Prinz von Sachsen und Sohn Königs August III. von Polen. Über Umwege gelangte das Schloss nach der Säkularisation an die Marktgemeinde Hindelang, die es zum Rathaus ausbaute. Die ehemalige Hauskapelle ist noch erhalten und ist mit ihrem Gewölbestuck heute der einzige frühbarocke Profansaal Schwabens. Bei Hindelang wendet das Ostrachtal abrupt nach Westen und wächst sich zu einem der großen

Der Große Alpsee ist mit seinen knapp 250 ha eine große Wasserfläche im Westen von Immenstadt. Besonders im Mündungsbereich der Konstanzer Ach kommt es zu Verlandungstendenzen. Immerhin konnte man ein 827 ha großes Landschaftsschutzgebiet um den Großen Alpsee einrichten und ein 67 ha großes rund um den Kleinen Alpsee.

Immenstadt liegt als alter Siedlungsort am Mündungszwickel der Konstanzer Ach in die Iller (unten).

Die Ruine Sulzberg ist heute noch die größte Ruinenanlage des Oberallgäus, obwohl die Sulzberger bereits 1359 ausgestorben sind (rechts).

Seitentäler der Iller aus. Bad Hindelang selbst wurde überregional vor allem wegen der frühzeitig begonnenen Ökobilanzierung bekannt.

Natur und Naturschutz

Der Niedersonthofener See wurde vom Illergletscher aus der Landschaft geschält. Zusammen mit Mitterinselsee und Unterinselsee spricht man auch von den Sonthofener Seen. Alle drei Seen werden vielseitig genutzt, ob allein zum Baden oder zum Angeln, Rudern, Segeln und Surfen oder gar, wenn möglich, zum Schlittschuhlaufen. Ein Rundwanderweg führt rund 10 km am Ufer entlang. Natürlich gibt es auch Nutzungskonflikte. Wie andernorts, ist auch hier unsere Verantwortung gefordert, die Natur nicht unter unseren viel zu vielen ökologischen Fußabdrücken zugrunde gehen zu lassen. In unserem Fall ist jedoch durchaus Optimismus angebracht, weil die Naturverträglichkeit unserer Nutzung das Grundkapital einer touristischen Nutzung darstellt. Ist diese nicht (mehr) gegeben, bleiben die Besucher schlichtweg aus. Im Süden Kemptens gibt es künstliche Seen, die ursprünglich aus Hochwasserschutzgründen angelegt wurden. Die Rottachtalsperre ist ein solches Beispiel. Sie dient neben dem Hochwasserschutz auch der sogenannten Niedrigwasseraufhöhung von Iller und Donau und natürlich auch der Stromerzeugung aus Wasserkraft. Letztere erreicht immerhin etwa zwei Millionen kWh pro Jahr und soll vor allem Lastspitzen im Netz abdecken. Eine 70 m hohe Staumauer sorgt für den nötigen Rückstau. Bei den neu geschaffenen Seen hat man zudem auf eine Nutzungsregulierung geachtet,

Teile des Ufers sind daher für die Freizeitnutzung vorgesehen, andere sind der Natur vorbehalten, damit sich im Laufe der Zeit naturnahe Lebensräume ausbilden können.

Kempten war zur Römerzeit bereits weltbekannt. Dem griechischen Geografen Strabon (63 v. Chr. – 24 n. Chr.) war die Stadt *Kambódon* in seiner *Geographika* eine Erwähnung wert; sie war nach seinen Worten aus einem Ort der keltischen Estionen hervorgegangen und zum römischen Verwaltungszentrum *Cambodunum* für die Provinz Rätien geworden. Diese römische Zeit zeigt sich noch im Kirchenheiligen St. Lorenz der Basilika, da nach der Übernahme des Christentums im römischen Imperium die Verehrung dieses Märtyrers entlang der Handels- und Militärstraßen häufig zu finden war. Mönche aus St. Gallen brachten um 720 das Christentum (erneut) nach Kempten. Die erste Missionszelle hatte knapp 500 Jahre später als Kloster Reichsunmittelbarkeit erlangt und war zum kleinen Territorialstaat geworden, der nur dem Kaiser verpflichtet war. Dadurch wurde Kempten eine Stadt ohne Frieden in den eigenen Mauern, denn die Nachbarschaft zwischen Kloster und Bürgerschaft war meist nicht besonders gut, vor allem nachdem das Fürststift 1525 ein richtiger, eigener Klosterstaat geworden war. Krieg und Frieden lagen fortan immer nah beieinander. Kurz

Zwischen Immenstadt und Kempten wird die Iller zu einem richtigen Fluss, der heute dank menschlichem Zutun ein vergleichsweise enges Flussbett einnimmt und nicht mehr den ganzen Talraum für sich beansprucht.

zuvor hatte der Bauernaufstand das Kloster ge-
stürmt, gut 100 Jahre danach ging es erneut in
Flammen auf, als die Schweden und die (protestantischen) Bürger Kemptens im Dreißigjährigen
Krieg das Kloster einnahmen. Dass im Klosterstaat
eine andere Politik als im Rest der Region gemacht
wurde, lässt sich auch an der Tatsache des letzten
Hexenprozesses sehen: Noch 1775 wurde die arme
Magd Maria Anna Schwegelin von den verklemm-
ten und willfährigen Richtern der Fürstabtei der
Hexerei und damit zum Tod durch Verbrennen
verurteilt (es war der allerletzte Hexenprozess auf
deutschem Boden). Der Name des herrschenden
Fürstabtes und damit des vorsitzenden Richters
war bezeichnenderweise Honorius von Schrecken-
stein. Sein Justizmord blieb ungesühnt, kritische
Zungen sehen den honorigen Abt denn auch zu
Recht in der Hölle schmoren.

   Jahrhundertelang rivalisierten die Freie Reichsstadt Kempten und die fürst-äbtliche Stiftsstadt
Kempten in einem Spannungsverhältnis, das zwischen offener Feindschaft, Koexistenz und beding-
ter Kooperation schwankte. Die ehemalige Reichsstadt grenzte unmittelbar an die Iller, die Stiftsstadt
schloss sich höher gelegen westlich an. Erst mit der
Säkularisation verloren beide Gemeinwesen ihre
Eigenstaatlichkeit und man riss die Mauern zwischen der protestantischen und katholischen Stadt
ein. Es folgte ein langer Weg zu einem neuen Selbst-
verständnis städtischer Identität, schließlich hatte
es bis dahin alles doppelt gegeben: Das Rathaus,
das Kronhaus, die Kirchen. Im 19. Jahrhundert eta-
blierte sich schließlich Kempten als Zentrum der
Allgäuer Milchwirtschaft.

Der Grundstein für die Basilika St. Lorenz wurde
1651 gelegt, also nur drei Jahre nach dem Ende des
»menschenfressenden« Dreißigjährigen Krieges
(1618–1648). Knapp 20 Jahre vorher hatten protes-
tantische Bürger, zusammen mit den Schweden,
den kleinen Kirchenstaat in Flammen aufgehen
lassen. Der Fürstabt kapitulierte nicht, sondern
startete, sobald es irgendwie ging, ein großes Bauprogramm. Eigentlich hätte ja damals das Land
wieder aufgebaut werden müssen, statt Kirchen zu
bauen und noch dazu in dem Ausmaß der Lorenz-
Basilika. Deren mächtiger Kirchenbau sollte jedoch
die Kraft des katholischen Glaubens symbolisieren
und für das Fürststift einen repräsentativen Mittel-
punkt darstellen. Dies ist gelungen. Der menschli-
che Preis dafür war jedoch hoch. Die Untertanen
des Klosters hatten gehörige Lasten zu schultern,
nachdem der Abt den Grundstein zum Kirchen-
und Klosterneubau gelegt hatte. Auch daran sollten
wir denken, wenn wir in berechtigte Bewunderung
des Kirchenbaus verfallen. Noch vor 1750 entstand
schließlich mit der prunkvollen Residenz ein wah-
res Meisterwerk der Rokoko-Raumkunst.

Das repräsentative Fürststift war eine reichsunmittelbare fürst-äbtliche Residenz mitten in Kempten. Das gewaltige Bauprogramm zeugt vor allem aus der Vogelperspektive vom Unabhängigkeitsstolz auf diesem kleinen Flecke Erde.

48

Der Illerdurchbruch bei Altusried zeigt die Kraft der Iller, der sogar der Burgstandort Kalden zum Opfer fiel. Die später aufgebaute Burg Neu-Kalden trug dieser Gefahr besondere Rechnung und wählte einen Standort etwas weiter von der Iller entfernt (unten).

Die Wallfahrtskirche Maria Steinbach gehörte bis zur Säkularisation zur Reichsabtei Rot an der Rot. Viele Mirakel- und Votivbilder zeugen von dankbaren Menschen, denen der Wallfahrtsglaube in persönlichen Notlagen sehr geholfen hat (rechts).

Kurz vor dem Rasthof »Allgäuer Tor« sieht man, auf der A7 nach Süden fahrend, in der Regel die Allgäuer Berge; hier ist ein guter Platz, um das Allgäu beginnen zu lassen (links).

Schloss Kronburg thront als bedeutender Renaissancebau in einmaliger Lage über dem Illerwinkel (unten).

Illerwinkel und
Wurzacher Achtal

Der Illerwinkel ist eine relativ junge politische Bezeichnung für eine Verwaltungsgemeinschaft im Landkreis Unterallgäu. Die Marktgemeinde Legau ist heute ein Kleinzentrum, dem auch rund 50 Weiler und Einzelhöfe angehören. Manchem früheren Bahnreisenden wird Legau noch als Endbahnhof einer kleinen Seitenbahn in Erinnerung sein.

Lautrach und Iller

Lautrach (*Lautraha, Lutrach*) gehörte vor der Säkularisation (1802) für gut 150 Jahre zur Fürstabtei Kempten, eine Tatsache, die heute an der Sommerresidenz in der Ortsmitte sichtbar ist. Lautrach bedeutet so viel wie »klare Ach«. Die Wallfahrtskirche Maria Steinbach ist eine Barockperle aus der Mitte des 18. Jahrhunderts. Mehrere berühmte Baumeister der Zeit wirkten daran mit. Das Deckengemälde thematisiert die »Fürsprecherin Maria«. Zahlreiche Votivbilder schildern Beispiele des persönlichen Leids. Beispielsweise berichtet eines von einem dreijährigen Kind, das wegen einer Behinderung nicht laufen konnte (»Liebs unser Fräule von Steinbach, hilf dem Hänsele lernen laufen!«); auf dem Heimweg konnte das Kind schließlich aus eigener Kraft laufen. Die Wallfahrtskirche gehörte bis zur Säkularisation zur gefürsteten Reichsabtei der Prämonstratenser in Rot an der Rot. Die Kirche setzt gleichzeitig durch ihre Bauweise auf einem weit sichtbaren Hügel einen baulichen Akzent, der allgemein gleichzeitig als Grenzmarke zwischen Oberschwaben und dem Allgäu angesehen wird.

Im Osten des Illerwinkels überragt die Kronburg als »Burg im Grünen« die Umgebung. Sie

Die Wurzacher Ach und später die Aitrach weiten das ansonsten schmale Illertal nach Westen aus und bringen Wasser aus Oberschwaben zur Iller. Die Kleinregion um deren Mündung nennt sich Illerwinkel (vorhergehende Doppelseite).

Bad Wurzach nennt sich auch gerne die »Kleine Residenz am Ried« und bezieht sich damit auf das Schloss, dem Wahrzeichen der Stadt (links).

Schloss Zeil ist ein repräsentativer Renaissancebau, der heute noch von der fürstlichen Familie bewohnt wird (unten).

Leutkirch im Allgäu lag als ehemalige Freie Reichsstadt der »Leutekirche St. Martin« zu Füßen. Heute ist sie ein Mittelzentrum.

gehört heute zu Illerbeuren. Das weithin sichtbare Renaissanceschloss stammt aus dem 16. Jahrhundert und gilt als das besterhaltene seiner Zunft. Der Sage nach sollen die berühmten Sieben Schwaben hier eingesperrt worden sein. Das Bauernhofmuseum in Illerbeuren ist ein Dorf im Dorf. Mitten in Illerbeuren stehen insgesamt 14 Gebäude unter Schutz, vom großen Bauernhof bis zur kleinen Kapelle. Auch Reicholzried gehört zum Illerwinkel. Die Barockkirche wurde nach dem Dreißigjährigen Krieg erbaut, in dem die Schweden eine Vorgängerkirche abfackelten samt der Bevölkerung, die sich hineingeflüchtet hatte.

Nur 2 km nördlich von Altusried bricht die Iller durch eine Gesteinsschwelle. Dieser Illerdurchbruch ist heute ein Naturdenkmal. Die Steilufer können bis zu 70 m aufragen. Altusried hat seit nunmehr 125 Jahren eigene Freilichtspiele. Schon im Jahre 1879 wurde erstmals der »Der bayerische Hiasl« vor rund 9000 Besuchern aufgeführt und damit der Grundstein dieser Tradition gelegt. »Andreas Hofer«, »Götz von Berlichingen«, »Wilhelm Tell« und jüngst die »Jungfrau von Orleans« folgten. Bei »Andreas Hofer« hatten im Jahre 1911 sogar 5000 Schauspieler ihre Zeit und ihr Engagement zur Verfügung gestellt. Seit damals zieht sich das Thema des Kampfes gegen Unterdrückung und Willkürherrschaft wie ein roter Faden durch alle Aufführungen auf der Freilichtbühne. Der Kampf gegen das Verbrechen ist neuerdings ein weiterer Grund der überregionalen Bekanntheit von Altusried: Es ist die Rede vom schrulligen Kommissar Kluftinger, der auf seine behäbige Art knifflige Fälle löst. Dessen Schöpfer sind zwei Autoren aus Kempten, Michael Kobr und Volker Klüpfel, die es als Schreiberduo auf Anhieb in die bundesweiten Bestsellerlisten schafften.

Die Wurzacher Ach ist der einzige größere Nebenfluss, der zudem dem ansonsten überraschend schmalen Einzugsgebiet der Iller einen kleinen »Bauch« verleiht. Die Eschach mit ihrem Quellgebiet in der Nähe von Kempten steuert ihrerseits einen großen Ast zum Einzugsgebiet der Wurzacher Ach bei. Das ausgedehnte Naturschutzgebiet des Wurzacher Rieds ist seit 20 Jahren als eines der größten noch intakten Hochmoorgebiete Mitteleuropas mit dem Europadiplom ausgezeichnet. Diese Würdigung unterstreicht die internationale Bedeutung dieses Naturschutzgebietes. Die Moorfläche umfasst gut 1800 ha, wovon etwa ein Drittel von menschlichen Eingriffen unberührt ist. Hier muss man wissen, dass im Moor bis in die 1990er Jahre Torf abgebaut wurde, der zuletzt vor allem als Badetorf in Bad Wurzach Verwendung fand. Wie viele Moore des Alpenvorlandes ist auch das Wurzacher Moor ein Kind der Eiszeiten, genau genommen haben die beiden letzten Eiszeiten zu seiner Entstehung beigetragen. Es war der Rheingletscher, der hier ein breites, flaches Tal ausschürfte und mit mehreren Endmoränen nach Nordwesten abriegelte. Die letzte Eiszeit blockierte dann das Tal nach Südwesten und schuf so eine abflusslose Senke, die sich nach und nach mit Wasser füllte. Wie in allen Seen des Alpenvorlandes, kam es zur Verlandung, die wegen der geringen Größe des Sees bald abgeschlossen war. Es folgte eine ausgeprägte Niedermoor- und Hochmoorbildung, die vielfältige, unterschiedlich strukturierte Lebensräume zuließ.

Bad Wurzach ist die einzige größere Ortschaft am Ried. Das Bad im Ortsnamen darf seit 1996 geführt werden. Der Kneipp-Kurort liegt reizvoll im Allgäuer Voralpenland. Er ist ein renommierter Kurort und gleichzeitig das älteste Moorheilbad Baden-Württembergs. Begonnen hat diese Spezialisierung im Kloster Maria Rosengarten mit ersten Moorbädern zur Behandlung chronischer Erkrankungen des Bewegungsapparates. Betreiber waren die Armen Schulschwestern. Im Kriegsjahr 1942 wurden beispielsweise immerhin 7000 Moorbäder durchgeführt, heute sind es jährlich über 20.000 Moorbehandlungen. Seit 1948 besteht das Kurmittelhaus, seit 1950 hat man den begehrten Namenszusatz Bad. Das Schloss Wurzach, Wahrzeichen von Bad Wurzach, war zwei Jahrhunderte lang die Residenz des lokalen Adelsgeschlechtes. Besonders bemerkenswert ist das barocke Treppenhaus im Zentrum des mittleren Traktes, das als Sandsteintreppe elegant um einen Dreipass-Kern nach oben führt. Es gilt allgemein als ein Höhepunkt des oberschwäbischen Barocks. Das Deckenfresko bildet den olympischen Götterhimmel ab. Die britischen Internierten sprachen schlicht vom »Marble Arch«, als hier ein Gefangenenlager der deutschen Wehrmacht etabliert war. Zuvor waren im Schloss und in Baracken 800 französische Kriegsgefangene untergebracht.

Leutkirch hat eine prachtvolle Geschichte als Freie Reichsstadt. Sie liegt am nördlichen Ende der Adelegg, dem nördlichsten Ausläufer der Alpen und direkt auf der sogenannten Europäischen Hauptwasserscheide. Das malerische Stadtbild der Altstadt geht im Wesentlichen auf die frühe Neuzeit zurück. Das Gotische Haus (1379) in der Marktstraße ist zweifellos das besondere Kleinod. Der Blaserturm in der ehemaligen Stadtbefestigung ist das Wahrzeichen der Stadt. Das Rathaus mit dem historischen Sitzungssaal stammt jedoch aus der Mitte des 18. Jahrhunderts. Das Schloss Zeil nördlich der Kernstadt erhebt sich als ein imposantes Renaissancebauwerk auf einem exponierten Berg. Zum Schlosskomplex gehört die Pfarrkirche St. Maria.

Aitrach markiert die Mündung der Wurzacher Ach. Wie an vielen Siedlungsplätzen im Illertal, hat man schriftliche Nachweise für eine lange Ortsgeschichte, im Falle von Aitrach im Jahre 838. Reste einer keltischen Burg deuten noch erheblich weiter zurück. Der heutige Ortsteil Mooshausen war der Wirkungsort von Romano Guardini (1885–1968), seit gut 10 Jahren ist im spätbarocken Pfarrhaus eine Gedenkstätte für den Religionsphilosophen eingerichtet. Dabei hielt sich Guardini nur zwei Jahre hier auf, als er bei seinem Freund, dem Pfarrer in Mooshausen, vor den Nazis untertauchen musste.

Kißlegg gilt bei vielen Autoren als eine der westlichen Begrenzungen des Allgäus. Der Luftkurort mit gleich zwei Schlössern ist eingebettet in eine harmonische Seenlandschaft.

Wangen im Allgäu begrenzt das Westallgäu zur Bodenseeregion. Die Altstadt bietet ein malerisches, in sich abgeschlossenes Ensemble (links).

Tannheim an der Iller gehörte über die Jahrhunderte zum Kloster Ochsenhausen, aus dessen Zeit der repräsentative Pfleghof, auch Altes Schloss genannt, stammt (unten).

Das Wurzacher Ried ist eines der größten noch intakten Hochmoorgebiete Europas, dessen Ursprünge in die letzte Eiszeit zurückreichen (unten).

Isny im Allgäu ist eine kleine ehemalige Reichsstadt und wäre 1806 gerne bayerische geworden, um nicht von seinen traditionellen Wirtschaftsbeziehungen abgeschnitten zu werden (rechts).

Das Allgäu im
Wertach- und Lechtal

Das Lech- und das Wertachtal verlaufen erstaunlich parallel, bis sie in Augsburg zusammenfinden. Der Lech gilt dabei allgemein als natürliche Grenze des Allgäus zu Altbayern. Schon seit der Zeit der Völkerwanderung hatte sich diese Grenze zwischen dem alamannischen und dem bayerischen Stammesgebiet herausgebildet, was sich noch heute in den Grenzen des bayerischen und schwäbischen Dialekts widerspiegelt; auch die Ortsendungen -ing (bayerisch) und -ingen (schwäbisch) sind sichtbare Zeichen dieser Grenze. Der Lech ist heute ein vielfach aufgestauter Fluss, allein der 15,2 km² große Forggensee bei Füssen kann knapp 170 Mio. m³ fassen.

Der Lech wird bayerisch

Füssen ist der wichtigste Ort dieses Teils des Allgäus. Die große Zeit Füssens begann mit seiner Verpfändung für 400 Mark Silber an den Augsburger Bischof (1313), der schließlich das Hohe Schloss über der mittelalterlichen Stadt erbauen ließ. Das große Burgschloss gilt heute als eine der am besten erhaltenen mittelalterlichen Burganlagen Bayerns. Unter dem Krummstab erlebte Füssen meist friedliche Jahrhunderte. 1745 erlangte Füssen kurzzeitig überregionale Bedeutung, als das Kurfürstentum Bayern im »Frieden von Füssen« das Ende versuchter bayerischer Großmachtpolitik zugestehen musste (in den drei Jahren zuvor hatte sich der bayerische Kurfürst Karl Albrecht als deutscher Kaiser versucht, indem er die Thronfolge von Maria Theresia in Wien angefochten hatte). Damit war der Österreichische Erbfolgekrieg zu Ende und

Bayern hatte wieder Frieden von den österreichischen Besatzungstruppen.

Die Königschlösser Neuschwanstein und Hohenschwangau sind die populärsten Botschafter nicht nur des Allgäus, sondern ganz Bayerns. Neuschwanstein ist unbestritten das berühmteste Schloss Ludwigs II. und eines der bekanntesten Touristenziele ganz Deutschlands. Es wird allgemein auch als »Märchenschloss« bezeichnet. In knapp 20 Jahren ernährte die Großbaustelle eine ganze Region: Jeden Tag kamen mehr als 200 Steinmetze, Maurer, Bedienstete und Arbeiter auf die Baustelle, in den Hochzeiten konnten es mehr als 300 sein, manchmal wurde auch bei Nacht im Schein von Öllampen gearbeitet. Im Einklang mit dem Baufortschritt wuchsen die Wünsche und Ansprüche des Königs; beispielsweise war anstelle des großen Thronsaales ursprünglich nur ein bescheidenes Arbeitszimmer geplant. Aufgrund der ständigen Geldknappheit wurde aber vieles nicht realisiert. Das Schloss wurde in konventioneller

Nesselwang im Ostallgäu wirbt mit dem Slogan »Im Allgäu. Mittendrin« (vorherige Doppelseite).

Das Fürstbischöfliche Schloss in Marktoberdorf war ein Jagdschloss der Augsburger Bischöfe (links).

Die ehemalige Freie Reichsstadt Kaufbeuren markiert den Ostrand des Allgäus (unten).

Die Stadt Füssen mit ihrer 700-jährigen Stadttradition markiert gleichzeitig den Eintritt des Lechs nach Bayern (unten).

Kloster Irsee ist heute ein überregional bekanntes Tagungs- und Bildungszentrum (rechts).

Backsteinbauweise errichtet und mit anderen Gesteinsarten verkleidet; der Marmor kam beispielsweise vom anderen Ende Bayerns, von Untersberg bei Salzburg. Obwohl Neuschwanstein nie vollendet wurde, ist eine große Zahl bedeutsamer neuromanischer Innenräume vorhanden: Der doppelstöckige Thronsaal wurde der zweitgrößte Saal des Schlosses, der Sängersaal wurde nach dem Beispiel des Festsaals der Wartburg geschaffen. Im Esszimmer war wie in Schloss Linderhof und Schloss Herrenchiemsee ein Speiseaufzug eingerichtet. Das königliche Schlafzimmer beherbergt ein mächtiges, geschnitztes Bett, einen hoch dekorierten Betthimmel und Wandverkleidungen aus Eichenholz; insgesamt 14 Schnitzer hatten über vier Jahre daran gearbeitet. Lediglich ein Drittel aller geplanten Räume war bei Ludwigs Entmündigung vollendet. Dennoch gilt Schloss Neuschwanstein heute weltweit als Sinnbild der Romantik, lockt jährlich um die 1,3 Millionen Gäste an und war auch Vorbild der Disneyland-Dornröschenschlösser.

Die Märchenschlösser

Neuschwanstein wird meist in einem Atemzug mit König Ludwig II. genannt (das »Märchenschloss« und der »Märchenkönig« gehören also zusammen). Ludwig Friedrich Wilhelm (1845–1886) wurde bereits als 18-Jähriger zum Bayerischen König gekrönt. Er hatte seine Kindheit und Jugend vor allem auf Schloss Hohenschwangau verbracht. Als kunstsinniger König passte er nur schwer in eine Zeit, in der politische Entscheidungsträger gerne Kriege führen wollten. Von Kindheit an wenig militärisch gesinnt, unterschrieb Ludwig beispielsweise 1866 fast gezwungenermaßen den Mobilmachungsbefehl für die Bayerische Armee zum deutschen Bürgerkrieg und fuhr dann in die Schweiz, um Richard Wagner zu treffen. Wie wir wissen, ging der Krieg grandios daneben, nach nicht einmal 3 Wochen hatte Preußen gesiegt. Ludwig zog sich immer mehr zurück, widmete sich seinen romantischen Ideen und führte von seinen Schlössern die Regierungsgeschäfte durch Gesandte. Im sogenannten Kaiserbrief mischte er sich zwar pro forma in die große Politik ein, indem er den Preußenkönig Wilhelm I. zum Deutschen Kaiser vorschlug, hierfür waren die geheimen großen Geldzahlungen aus dem Welfenfonds sicher nicht ohne Bedeutung gewesen. Ludwig fing an, große Schlösser zu bauen: Herrenchiemsee, Linderhof, Neuschwanstein wurden zu Großbaustellen, Falkenstein und Plansee blieben Pläne. Ludwig erhielt jährlich 4,2 Millionen Gulden als Apanage, sodass er 1884 schon 7,5 Millionen Gulden Schulden angehäuft hatte. Maßgebliche Entscheidungsträger in München betrieben daher die Entmündigung des Königs, auf der Grundlage von medizinischen Gutachten von vier famosen Ärzten, die den König nicht einmal persönlich untersucht hatten. Der Rest ist bekannt, drei Tage später war der König tot, gestorben unter höchst mysteriösen Umständen im Starnberger See.

Hohenschwangau in seiner heutigen Form entstand rund 50 Jahre vor Neuschwanstein, Bauherr war Maximilian II., Vater des Märchenkönigs, der hier auch seine Kinderstube hatte.

Schloss Neuschwanstein ist für viele Touristen aus Übersee das Synonym für das romantische Bayern. Es ist das berühmteste Schloss König Ludwigs II.

St. Coloman ist wegen seiner einzigartigen Lage am Fuße Neuschwansteins wohl eine der meist fotografierten Kirchen Bayerns (unten).

Ruine Hohenfreyberg ist zusammen mit der Ruine Eisenberg eine weithin sichtbare Burgengruppe im südlichen Allgäu (rechts).

Das Festspielhaus Neuschwanstein wurde als Musical-Theater am Ufer des Forggensees gebaut. Am anderen Ufer des Sees ist Schloss Neuschwanstein zu sehen. Im Jahre 2000 erfolgte mit der Uraufführung des Musicals »Ludwig II. – Sehnsucht nach dem Paradies« die Eröffnung. Der Bau des Theaters an seinem Standort am Forggensee war landesweit heftig umstritten. Das neue Festspielhaus wurde auf einem eigens aufgeschütteten, knapp 50.000 m² großen Seegrundstück gebaut, mit einem pseudobarocken Garten, gestaltet mit symmetrischer Ausrichtung auf Schloss Neuschwanstein. Die Bühnentechnik konnte auf die zweitgrößte Drehbühne Deutschlands zurückgreifen. Dennoch kam nicht einmal vier Jahre nach der ersten Eröffnung das wirtschaftliche Aus.

Nesselwang und Pfronten sind Rodungssiedlungen im ersten Absatz der Alpen. Der Name Pfronten leitet sich beispielsweise vom althochdeutschen *Phruonta* ab, was so viel wie Rodung bedeutete. Rodungen im Pfrontener Tal schufen schon früh Platz für Siedlungen. Weiter flussabwärts entwickelte sich mit Marktoberdorf ein größeres Siedlungszentrum an der Wertach. Der Name wurde dem Ort bei der Stadterhebung im Jahre 1953 gegeben, zuvor hieß er schlicht Oberdorf. Marktoberdorf ist heute Kreisstadt des Landkreises Ostallgäu und staatlich anerkannter Erholungsort im Allgäuer Alpenvorland.

Der Hopfensee ist ein Werk des Lechtalgletschers der letzten Eiszeit. Trotz seiner starken Freizeitnutzung gibt es naturnahe Uferbereiche.

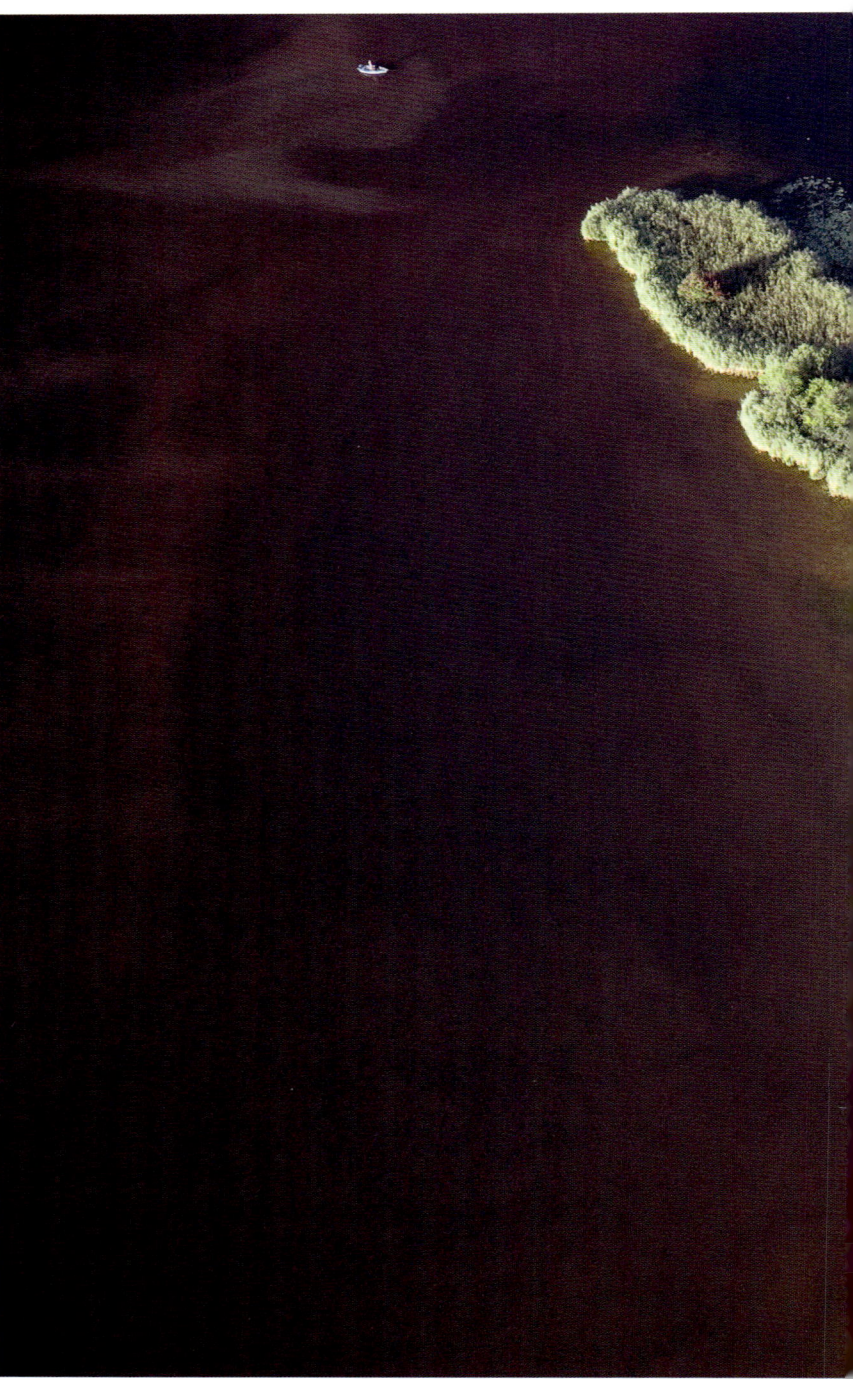

Der Lech fließt als kräftiger Fluss in den Forggensee, der vor einem halben Jahrhundert als künstlicher See angelegt wurde (unten).

Waltenhofen, heute ein Ort am jungen Forggensee, hat verbürgte (Kirchen-)Wurzeln im Jahr 746 (rechts).

Die schwäbische Iller

Wegen der Nähe zum Allgäu benennt sich Memmingen gerne als das »Tor zum Allgäu«. Memmingen in wenigen Zeilen zu beschreiben, kann nur exemplarisch gelingen. Kaiser Maximilian I. (1459–1519), Albrecht Wallenstein (1583–1634), der Schwedenkönig Gustav Adolf (1594–1632) und Bernhard Strigel (1460–1528) wären vier berühmte Namen, die mit Memmingen einiges zu tun hatten. Der Kaiser nannte Memmingen schlicht »seine Ruh- und Schlafzell«, er war immerhin 13-mal in »seiner« Stadt und fühlte sich sehr wohl hier. Er war es auch, der Bernhard Strigel zu seinem Haus- und Hofmaler ernannte. Viele seiner Werke von Bernhard Strigel gibt es heute noch, viele wurden aber auch durch die Reformation und Säkularisation vernichtet. Zumindest gibt es in Memmingen ein eigenes Strigel-Museum. Wallenstein und Gustav Adolf waren zu einer eher weniger günstigen Zeit in Memmingen, es war Krieg, der später der Dreißigjährige genannt werden sollte. Der eine kam als gern gesehener Gast, der andere als fremder Besatzer. Der Generalissimus Wallenstein residierte für einige Wochen in der Stadt und brachte vor allem Ruhe und Sicherheit (die Wallenstein-Festspiele erinnern an diese Zeit); Gustav Adolf kam auf seinem Eroberungs-

Die Autobahn A7 schwingt sich zwischen Altenstadt und Kellmünz elegant über die Iller, die gleichzeitig die nasse Grenze zwischen Bayern und Baden-Württemberg bildet (vorhergehende Doppelseite).

Die Freie Reichsstadt Memmingen bezog im Mittelalter beachtlichen Wohlstand aus ihrer Knotenlage an wichtigen Handelsstraßen (rechts).

feldzug durch Süddeutschland, bevor er auf seinem weiteren Kriegszug dem Schlachtentod bei Lützen entgegenzog. Bringt man zudem noch die Sprache auf die sogenannten 12 Artikel, die im Bauernkrieg 1525 in Memmingen formuliert wurden, rundet dies trotz der Kürze der Darstellung das bedeutende Bild der Stadt ab. Memmingen liegt nicht direkt an der Iller, sondern am Stadtbach (jenseits der Stadtgrenze spricht man von der Memminger Ach). Dieser ist einmal im Jahr im Zentrum des Stadtinteresses. Der Fischtag ist nämlich das bekannteste historische Fest Memmingens, zu dem alljährlich Zehntausende in die Stadt strömen, um ein mittelalterliches Spektakel zu sehen, wenn der Stadtbach innerhalb der Altstadt leer gefischt wird. Meist sind mehr als tausend Fischer damit beschäftigt, eine ausschließlich männliche Angelegenheit.

Buxheim: Kartäuser und Salesianer

Buxheim mit dem ehemaligen Kartäuserkloster bezog den Ortsnamen von der kleinen Buxach, die kurz darauf in die Iller mündet. Ab 1402 bestimmte die Kartause für vier Jahrhunderte das Schicksal des Orts. Jeder Mönch bewohnte ein geräumiges Häuschen, jeweils direkt am Kreuzgang; es bestand aus mehreren Räumen, einer kleinen Werkstatt und einem Garten. Über eine Durchreiche konnten Mahlzeiten in die Zellen gegeben werden. Insgesamt 22 Mönche konnten im Buxheimer Kloster Aufnahme finden. Über lange Zeit war Buxheim die einzige reichsunmittelbare Kartause Deutschlands. Der große Kreuzgang verläuft mitten durch die Kirche und teilt diese als Lettner in zwei Hälf-

ten, die Priester- und die Bruderkirche. Insgesamt ist die Kirche klein und erreicht nicht die Dimensionen anderer Ordenskirchen; diese wären angesichts von 22 Priestermönchen auch nicht nötig gewesen. Das Chorgestühl ist ein Meisterstück von Ignaz Waibl (1661–1733), der hier als 26-Jähriger den einzigen Großauftrag seines Lebens erhielt. Der junge Mann schnitzte mit seinen Gesellen innerhalb von vier Jahren das großartige Kunstwerk und »entzauberte« dem Eichenholz einzigartige Skulpturen mit lebendigen und individuellen Gesichtszügen. In einem wahren Bildfeuerwerk wurde das Alte mit dem Neuen Testament verbunden: Die 12 Apostel sind ebenso vertreten wie die wichtigsten alttestamentarischen Vertreter (z. B. David, Moses, Aaron) und die wichtigsten Ordensgründer bzw. Ordensreformatoren (z. B. Benedikt, Hieronymos, Dominikus, Franziskus oder Augustinus). Die kleine Anna-Kapelle im Kreuzgang erhielt ihr heutiges Gesicht als Kabinettstück des bayerischen Rokokos zwischen 1738–1741. Baumeister war Dominikus Zimmermann (1685–1766). Die quadratische Kapelle weitet sich in ihrem Inneren zu halbrunden Apsiden aus, indem die eigentlich geraden Wandabschnitte optisch ausgerundet sind. Das Gewölbe scheint über dem kleinen Raum zu schweben.

Der Ausverkauf Buxheims begann mit der Säkularisation (1802). Zehn Jahre später waren die Grafen von Bassenheim Eigentümer des Klosters, die es auch gleich zur Residenz umgestalten ließen. Doch die neuen Besitzer lebten in Saus und Braus und verschleuderten den Besitz innerhalb weniger Jahrzehnte; der letzte Graf starb schließlich

Das Benediktinerkloster Ottobeurens fungierte in seiner rund 1250-jährigen Geschichte als bedeutendes religiöses Zentrum der Region.

Buxheim nennt sich auch das »Kartäuserdorf an der Iller«. Es ist vor allem wegen seines einzigartigen Chorgestühls berühmt. Heute erfüllt das Marianum der Salesianer die Klostermauern mit jungem Leben (rechts).

Freskendetail in der St. Anna-Kapelle der ehemaligen Kartause zu Buxheim. Kenner sprechen auch von der Kleinen Wies (unten).

bei einem Ballonunfall. Alles bewegliche Gut wurde über die Jahre zu Geld gemacht, die 35.000 Bände der Bibliothek, die Klostereinrichtung und eben auch das Chorgestühl; Letzteres brachte zwar nur 42.100 Reichsmark ein, zeigt aber den enormen Geldhunger der aristokratischen Bassenheimer! Auf Umwegen gelangte das Chorgestühl nach London und wurde dort 1886 von einem Bankier für 3200 Pfund ersteigert und einem Nonnenkonvent geschenkt: Knapp 100 Jahre später musste der Bezirk Schwaben für den Rückkauf des Chorgestühls immerhin 1 Million Euro aufbringen. Was eine einzige Aristokratenfamilie mal schnell nebenbei verprasst hatte, musste in unserer Zeit mit dem Steuergeld des gemeinen Volkes wieder aufgewogen werden. Im Jahr 1980 war das Chorgestühl schließlich wieder in Buxheim. Die Restauration des einzigartigen Gestühls, das zwischenzeitlich mit schwarzem Bootslack (!) übermalt worden war, verschlang eine weitere Million Euro. Nur 19 Sitze sind noch im Original erhalten, der Rest musste ergänzt oder rekonstruiert werden. Seit den 1920er Jahren gehört das Kloster dem Salesianerorden, der 1865 von Giovanni Bosco im italienischen Piemont gegründet worden war. In Buxheim entstanden ein Internat und eine Schule innerhalb der alten Klostermauern. Buxheim wurde schnell zum wichtigsten Schulstandort des Ordens in Süddeutschland.

Kellmünz ist wegen zahlreicher Schatzfunde von Münzen, Schmuck und kostbaren Geräten aus der Römerzeit bekannt. Das römische Lager »celius mons« musste auch einen Illerübergang schützen. Das Leben an der Grenze blieb unruhig und das Kastell wurde beispielsweise 308 abgefackelt. Dabei

wurde außerhalb des Kastells ein Vermögen, bestehend aus 1308 Münzen, vergraben. Jenseits von Kellmünz erstreckt sich Dettingen. Beide Orte waren über die Jahrhunderte eng verbunden, bis das reche Illerufer 1810 endgültig bayerisch wurde. Dettingen kam damals als einziger Ort der alten Herrschaft Kellmünz an Württemberg. Das nahe Illertissen wurde schon vor der berühmten Schlacht auf dem Lechfeld (955) berühmt, als sich hier König Otto der Große und Luitolf versöhnten. Der anschließende fulminante Sieg war teuer für die Verteidiger (mehrere Heeresstaffeln wurden schlicht aufgerieben), aber letztlich vernichtend für die plündernden ungarischen Horden. Fortan gab es keine Ungarngefahr mehr, die ungarischen Rädelsführer wurden am Ostertor in Regensburg aufgehängt. Ganz Süddeutschland konnte nach einem 50-jährigen Alptraum wieder aufatmen. Das repräsentative Vöhlinschloss auf dem Kirchberg von Illertissen ist heute Amtsgericht und Museum. Es hat seinen Namen von einer Memminger Patrizierfamilie, die 1520 das Schloss und die Herrschaft erworben hatte. Deren Zeit endete allerdings 1756 mit dem finanziellen Bankrott und Verkauf an den bayerischen Kurfürsten, der hier 50 Jahre vor der bayerischen Übernahme des rechten Illerufers schon mal einen Stützpunkt erhielt.

Das Vöhlinschloss in Illertissen ist nach einer Memminger Patrizierfamilie benannt, die für einige Zeit die Herrschaft über den Ort ausübte.

In Ulm, um Ulm
und um Ulm herum

Das ehemalige Kloster Wiblingen liegt an der Weihung, einem kleinen Nebenfluss in die untere Iller. Die fulminante Rokokokirche stammt aus den 1780er Jahren und war der letzte große Kirchenbau vor der Säkularisation (1802) in Oberschwaben. Baumeister der Kirche war kein Geringerer als Johann Michael Fischer (1692–1766) aus dem oberpfälzischen Burglengenfeld. Der Bibliothekssaal bietet ein rauschendes Zusammenspiel von Stuck, Architektur und Malerei und natürlich den vielen Büchern in ihren offenen Regalen. Die Bibliothek kann sich mit den bedeutenden Klosterbibliotheken Oberschwabens: Ottobeuren, Schussenried, Ochsenhausen ohne Weiteres messen. Auch wenn die rund 18.000 Bände nach der Säkularisation des schnöden Mammons wegen in alle Winde zerstreut wurden, lässt der Rest der Bücher die Bedeutung der Bibliothek zu Klosterzeiten erahnen. Das imposante Deckengemälde ist eine fulminante Komposition christlicher und heidnischer Weisheitsallegorien, das ein reiches ikonografisches Programm entfaltet. Heute gehören die Klostergebäude zur Universität Ulm.

Iller und Donau

Mitten in einem breiten Auwald biegt die Iller in einem steten Rechtsbogen in die Donau ein. Ein unbefangener Beobachter könnte aus der Vogelperspektive durchaus den Fehler begehen, die Iller als den Hauptfluss und die Donau als den Nebenfluss zu bezeichnen. Dieses Problem hat die Donau ebenso mit dem Inn in Passau! Ulm ist auch eine Drei-Flüsse-Stadt. Ulm selbst war im Mittelalter

die wichtigste Donaustadt in Schwaben. Sie bezog ihren Reichtum vor allem aus dem Italienhandel. Mit Ulm verbindet jeder wie selbstverständlich das 161 m hohe Münster. Hier zeigt sich nicht nur das Selbstbewusstsein der Bürgerschaft, sondern auch das Können gotischer Baumeister. Im Juni 1377 wurde der Grundstein gelegt. Man wünschte sich eine eigene Kirche, »finanziert aus eigener Kraft und ohne Gängelung«, und plante eine »Kirche, in der deutlich mehr Platz war als damals Ulm Einwohner hatte«. Fertig wurde der Turm allerdings erst in den 1880er Jahren, denn zu Beginn des 16. Jahrhunderts wandte sich die Bürgerschaft sehr schnell dem neuen Glauben zu, der nichts von gotischen Kirchenbauten hielt. Die Westfront war daher über Jahrhunderte hinweg 70 m hoch ausgeführt, der Turmblock war ein unfertiger Stumpf. Er wurde jedoch schließlich – wenn auch mit ein paar Jahrhunderten Verspätung – nach alten Plänen im Jahr 1890 mit 161,6 m Höhe zum höchsten steingemauerten Kirchturm der Welt vollendet. 768 Stufen führen hinauf. Die Seitenschiffe sind bis zur Westfront vorgezogen, sodass der Turm nicht wie üblich aus der Fassade entwickelt, sondern in diese eingesenkt ist. Das monströse Steingebirge hat den Baumeistern alle Kunst abgefordert, steht es doch auf eigentlich unsicherem Baugrund. Wegen Rissbildungen hatte man sich schon in der Bauzeit entschlossen, die riesigen Seitenschiffe zu unterteilen und einen fünfschiffigen Raum zu schaffen.

Der Ulmer Spatz befindet sich auf dem Dachfirst des Münsters. Die dazugehörige Geschichte dürfte altbekannt sein, dass nämlich Baumaterial

Städte wurden früher oft an Mündungen von Flüssen gegründet. Im Falle von Ulm ist der Standort besonders gut gewählt, macht doch das reichliche Illerwasser die Donau erst zum richtigen Fluss (vorhergehende Doppelseite).

Wiblingen wurde durch die Weitsicht einiger Äbte ein bedeutendes Kloster. Beispielsweise verzichtete der Abt *Modestus* (1692–1729) auf den Reichsprälatenstand, der ihm zwar einen gewissen (kurzfristigen) Ruhm eingebracht, dem Kloster aber hohe Kosten verursacht hätte, die im Klosterbetrieb gefehlt hätten (bezeichnenderweise ist *modestus* das lateinische Wort für »bescheiden«).

Die Iller ist in der Regel breiter als die Donau, fast könnte man meinen, die Donau würde in die Iller münden: Die Iller steuert nämlich um ein Drittel mehr Wasser als die oberschwäbische Donau bei.

nicht durch das Stadttor in die Stadt transportiert werden konnte und ein Spatz mit seinem ellenlangen Strohhalm im Schnabel zur Lösung des Transportproblems beitrug. Die Ulmer folgten dem Beispiel des Spatzes und brachten ihre Balken in die Stadt (ohne das Stadttor abbrechen zu müssen). Seither ziert der Spatz mit dem Strohhalm im Schnabel das Münsterdach. Das Rathaus war der zentrale Bau der freien Reichsstadt. Er beeindruckt vor allem durch seine Fassadenmalerei. Das Brotmuseum zeigt sehr lehrreich die erfolgreiche Enteignungspolitik der Weimarer Republik. Damals kostete ein einziger Brotlaib rund ¼ Milliarde Reichsmark! Es ist die Rede von der verbrecherischen Inflation, über die die damalige Berliner Politik den wahnsinnigen 1. Weltkrieg und die ersten Jahre der Weimarer Republik finanzierte. Im Jahr 1914 waren gerademal 0,15 Goldmark für einen Laib Brot zu bezahlen, 1918 waren es 0,12 Papiermark und 1923 sogar 220.000.000 Mark! An solch einfachen Beispielen kann jeder die verwerflichen Machenschaften von Schulden- und Inflationspolitikern in Parlamenten sehen. Aber damals (wie heute) wurden diese Herren nicht zur persönlichen Verantwortung gezogen und ihnen ihre üppigen Pensionen aberkannt! Die Rechnung mussten andere, vor allem das kleine Volk, bezahlen.

Im letzten Krieg hatte Ulm sage und schreibe 21 Bombenangriffe zu überstehen. Menschenverachtende Generäle in Uniform hatten ihre große

Zeit, im Namen eines »gerechten« Krieges tun zu dürfen, was sonst nicht erlaubt war. Befehlsgeber in Uniformen glaubten, mit Bomben auf Frauen und Kinder einen Krieg entscheiden zu müssen. Daher zerstörten Bomben gerade auch in Ulm in kurzer Zeit, was in Jahrtausenden gewachsen war. Tausende unschuldiger Menschen mussten in diesem Wahnsinn ihr Leben lassen, wehrfähige Männer gab es ohnehin kaum mehr in Ulm. Nach dem Krieg wollte man möglichst bald wieder menschenwürdig leben können, ein Wiederaufbau im alten Schema passte nicht in die Möglichkeiten und Wünsche der Überlebenden. Ulms mittelalterliche Identität ist daher an vielen Stellen der Stadt nicht mehr zwingend zu sehen. Darüber mögen wir heute den Stab brechen, verstehen müssen wir es trotzdem.

Drei-Flüsse-Stadt Ulm

Ulm und Neu-Ulm ist eine Doppelstadt, getrennt nur durch die Donau und eine Landesgrenze. Ulm war nur ganze 8 Jahre bayerisch, Neu-Ulm ist es immerhin schon seit 200 Jahren. Rund 170.000 Einwohner verteilen sich auf die ungleichen Hälften, ⅔ leben in Ulm. Neu-Ulm ist eine Gründung Bayerns, nachdem 1810 Württemberg Herr der ehemaligen Reichsstadt wurde. Neu-Ulm war bis zum frühen Mittelalter das alte »Swaykhoven«, ein Gutsbezirk der Ulmer Königspfalz, seine eigentliche Wiege war der weiträumige Brückenkopf der deutschen Bundesfestung aus den Jahren 1842–1857. Bayern erhob Neu-Ulm aus wirtschaftlichem Interesse 1869 zur Stadt. Heute ist Neu-Ulm Fachhochschulstadt und Ulm Universitätsstadt.

Das Ulmer Münster zeugt noch Jahrhunderte nach seinem Bau eindrucksvoll von der glaubensstarken Vision der Gotik.

Natur- und Umweltschutz

Die Nutzung der Wasserkraft an der Iller ist ein bedeutendes Thema. Acht Laufwasserkraftwerke produzieren eine Stromleistung von 51 MW. Eine Nutzung von Wasserkraft wird zwar generell unter erneuerbaren (sauberen) Energien geführt, man müsste die Sache jedoch etwas genauer ansehen. Wenn Flüsse zu einer bloßen Kette aufgestauter Stauseen reduziert werden, kann nicht mehr von einem lebendigen Fluss gesprochen werden. Meist werden jedoch gerade bei Alpenflüssen zwei Fliegen mit einer Klappe geschlagen, nicht nur Energiegewinnung ist das Ziel, sondern vor allem auch eine Sicherung vor meist desaströsen Hochwassern (siehe unten). Der Stausee Tannheim wird durch den Illerkanal gespeist und von einer 17 m hohen Mauer aufgestaut. Er wurde 1922 von den Oberschwäbischen Elektrizitätswerken (Biberach) gebaut und liefert seither elektrischen Strom. Bei vollem Stau beträgt die Wasseroberfläche rund 16,5 ha und speichert 570.000 m³ Wasser. Ähnlich steht es mit dem Stausee nördlich von Memmingen. Er liegt ebenfalls in Baden-Württemberg, wird ebenfalls vom Illerkanal gespeist. Der Stausee, das Kanalkraftwerk und der Illerkanal wurden in den Jahren 1926–1928 von den Oberschwäbischen Elektrizitätswerken zur Energieerzeugung angelegt.

Die Iller ist ein Fluss der Nutzung, aber auch des Schutzes. Die Illerbegradigungen des 19. und 20. Jahrhunderts sowie die vielen Wasserentnahmen für die Stromgewinnung haben stark in die Ökologie des Flusses eingegriffen. Es kam vor allem zu einer zunehmenden Tiefenerosion der Iller. Diese hatte nicht nur Auswirkungen auf die Uferbereiche, sondern auch auf die Grundwasserstände beider-

seits der Iller. Heute unternimmt man zaghafte Versuche einer Gegensteuerung, beispielsweise wurden bei Dietenheim Schwellen und Steinrampen in das Flussbett verlegt, um solchen Eintiefungen Einhalt zu gebieten und Grundwasserstände mittelfristig wieder anzuheben. Bei Flussbegradigungen wurden natürlicherweise vorkommende Mäander der Iller an ihren Hälsen durchbrochen und zudem in ein enges Bett festgelegt. Während bei vielen Flüssen der Zweck solcher Eingriffe meist in der Verbesserung der Schifffahrt zu suchen war (Verkürzung und Vertiefung der Fahrrinne), wollte man bei der Iller das Wasser schneller weitergeleitet haben, neben einer Landgewinnung oder -sicherung versteht sich. Aus ökologischer Sicht sind Flussbegradigungen meist negativ zu beurteilen, da dadurch ganze Ökosysteme beeinträchtigt oder gar zerstört werden. Begradigungen werden maßgeblich für Hochwasser verantwortlich gemacht, weshalb es heute erste Bemühungen gibt, diese wieder

Die Illerkraftwerke sind Laufwasserkraftwerke mit zusammen genommen 48 Megawatt Kraftwerksleistung. Sie haben vor allem zu Zeiten der Schneeschmelze Hochkonjunktur (vorhergehende Doppelseite).

Seit gut 100 Jahren ist das Allgäu das grüne Allgäu, welches in der Landbewirtschaftung auf Milchwirtschaft setzt und das Allgäu zu dem gemacht hat was wir heute kennen. Seit rund 1800 gehören die einfarbig braunen Kühe und die unverwechselbaren Käsespezialitäten zur charakteristischen Assoziation des Allgäus. Das Heu wird dabei oft auf der Weide gelagert, sodass die vielen Hütten zum Landschaftsbild gehören wie die Wolken zum Himmel (links und unten).

St. Coloman zeigt im Winter besonders gut, welche Rolle der Heilige in unseren diversen Kreuzungen haben kann (siehe auch S.74).

Die milchige Wasserfarbe des Lechs bei Füssen weist ihn als typischen Alpenfluss aus, der vor allem zu Schmelzwasserzeiten viele Schwebstoffe mit sich führt (unten). Am oberen Bildrand ist der Lechfall zu sehen.

Im Unterlauf der Iller begleitet oft ein Kanal den eigentlichen Flusslauf (rechts).

Unser ökologischer Fußabdruck

Natürlich lässt sich nirgendwo in Deutschland die Umweltbilanz schönreden. Dazu ist sie schlicht zu mager. Über 80 Millionen Menschen hinterlassen eben einen gehörigen ökologischen Fußabdruck. Hier kann nur helfen, dass wir endlich weniger werden; ohne Einwanderungsfanatiker würden wir es ja auf ganz natürliche Weise werden. Im jüngsten weltweiten »Environmental Performance Index« (EPI) der Yale University belegt Deutschland gerademal den 22. Platz, weit hinter Malaysia, Costa Rica oder Kolumbien. Ein Grund für das blamable Abschneiden Deutschlands in der breiten Indikatorenbilanz lag in der verlorenen Artenvielfalt und dem knappen Restlebensraum für Wildtiere: Die intensive Nutzung und Zersiedelung des Landes lässt kaum noch Platz für natürliche Ökosysteme. Die Ökologie ist nur der (wehrlose!) David im Streit zwischen Ökologie und Ökonomie. Vor allem wenn wir uns weiterhin Politikvertreter leisten, die unabhängig ihrer jeweiligen Couleur bedingungslose Anhänger der ökonomischen Wachstumstheorien sind. Dabei zählt die Iller zu den hoffnungsvollen Beispielen im Lande, da der Tourismus nach unverbrauchter Natur sucht (man kommt ja sehr oft aus Ballungszentren mit ihren verbrauchten und abgewirtschafteten Ökobudgets).

Engagieren wir uns und machen es den Naturverbrauchern nicht zu leicht. Das Allgäu und das Tal der Iller hätten es wahrlich verdient!

rückgängig zu machen. Natürlich ist auch die Iller manchenorts nur noch eine schnurgerade Wasserrinne, doch ist sie niemals so schutzlos wie manch andere Flüsse im Voralpenland. Auf weiten Strecken hat die Iller nämlich ihre Auwälder bewahren können. An manchen Stellen kann das Illerwasser sogar wieder in das alte Rinnensystem eindringen und die Auwälder zusätzlich wässern.

Die Iller wird von Oberstdorf bis Ulm von einem Radweg begleitet. Meist führt dieser direkt am Fluss entlang, wenn nicht, dann sind schwach befahrene Landstraßen ausgewählt. Dadurch ist die Streckenführung meistens relativ eben. Die große Flussnähe lässt die nicht seltenen Hochwasser hin und wieder den Radweg angreifen, beispielsweise 1999 und 2000. Man versucht immer, die Schäden schnell wieder auszubessern. Denn Radwandern am Illerufer ist schließlich ein selten guter Botschafter für die Iller und die Region.

Meist sind die Berghänge für die Milchwirtschaft zu Almen umgewandelt, die typischerweise oft waagerechte, vom regelmäßigen Viehtritt erzeugte Hangstrukturen aufweisen (unten).

Im Oberstdorfer Kessel findet sich jedoch auch viel Wald, wie hier um den Freibergsee (rechts).

Beim Verlassen des Oberstdorfer Talkessels hat die Iller bereits genügend Wasser aufgenommen, um ein richtiger Fluss zu sein.

Ein Blick nach Süden zeigt die umrahmenden Berge des Oberstdorfer Talkessels, die gleichzeitig die politische Grenze zu Österreich markieren.

Ortsregister

N

SCHWEIZ

DEUTSCHLAND

ÖSTERREICH

ÖSTERREICH

Ulm
Neu-Ulm
Wiblingen
Augsburg
Laupheim
Illertissen
Landsberg
Kellmünz
Biberach
Federsee
Tannheim
Buxheim
Memmingen
Aulendorf
Aitrach
Ottobeuren
Bad Wurzach
Kronburg
Schloss Zeil
Lautrach
Irsee
Kaufbeuren
Leutkirch
Illerdurchbruch
Weingarten
Altusried
Ravensburg
Kißlegg
Marktoberdorf
Kempten
Isny
Wangen
Sulzberg
Friedrichshafen
Nesselwang
Forggensee
Füssen
Hopfensee
St. Coloman
Bodensee
Schloss Neuschwanstein
Lindau
Oberstaufen
Immenstadt
Hohenschwangau
Bregenz
Bad Hindelang
Tannheim
Sonthofen
Reutte
Bad Oberdorf
Fischen
Plansee
Bregenzer Ach
Oberstdorf
Kleinwalsertal
Freibergsee
Mittelberg
Mädelegabel

Donau
Iller
Mindel
Lech
Riß
Günz
Wertach
Donau
Iller
Schussen
Iller
Wertach
Argen
Lech
Alpsee
Vils
Rhein
Iller
Lech
Europäische Wasserscheide

0 5 10 15 km